DU CONTRAT D'EMMORTGAGEMENT

ou

VENTE A TITRE DE MORTGAGE

usité autrefois

DANS LE PAYS DE S^T-AMAND

VALENCIENNES
G. GIARD, libraire-éditeur,
Place d'Armes, 49.
1878

Imprimerie Louis HENRY, Valenciennes.

AVERTISSEMENT

Ce n'est ici qu'une rapide esquisse du sujet d'études, si intéressant, qu'offre notre Contrat de Mortgage. Les limites étroites du temps parcimonieusement mesuré par le règlement aux lectures de la Sorbonne, faisaient obstacle aux nombreux développements que ce sujet comporte. Le côté juridique en particulier n'a pu être qu'effleuré ; on s'apercevra facilement en lisant cette notice, qu'elle n'était pas destinée à un auditoire de jurisconsultes. J'ai dû y passer sous silence les questions de détail si variées que soulève la revendication des biens emmortgagés, et sur lesquelles la Cour de Douai et le Tribunal de Valenciennes surtout, ont été appelés à se prononcer. Dois-je les énumérer ici ? Justification à fournir par les demandeurs en retrait (1); divisibilité de l'action, tant au point de vue actif qu'au point de vue passif (2); question de la prescription par les tiers acquéreurs (3), etc. La thèse capitale, elle-même, de la nature de notre Contrat n'a pu être traitée que fort incomplètement, et j'ai dû la dépouiller des éléments si divers que lui fournit la Jurisprudence (4).

---

(1) Trib. de Val. 24 juin 1868. Voir encore C. de Douai 29 avril 1854.

(2) Trib. de Val. 6 août 1874 ; etc.

(3) Trib. de Val. 15 mai 1848 et C. de Douai 22 décmbre 1848; Trib. de Val. 13 décembre 1865; etc.

(4) Dans le sens de *l'antichrèse*, C. de Douai, 27 décembre 1860; par cet arrêt la Cour a répudié son ancienne jurisprudence.

Dans le sens de la *vente à reméré*. Trib. de Val. 6 mars 1834, etc.; C. de Douai 9 août 1834 et 27 novembre 1834 ; enfin Trib. de Valenciennes, 20 juillet 1870, jugement rendu malgré l'autorité de l'arrêt de 1860, contre la plaidoirie de mon confrère Me Foucart, conformément à ma plaidoirie et aux conclusions de M. le substitut de La Gorce.

On ne trouvera donc point dans ces quelques pages un traité du Contrat de vente à mortgage, mais seulement, si je puis ainsi dire, une *préface*. Heureux serai-je si la préface inspire à l'érudition de quelqu'un de nos jurisconsultes, le dessein d'écrire le livre.

Valenciennes, Juin 1878.

DU CONTRAT D'EMMORTGAGEMENT

OU

VENTE A TITRE DE MORTGAGE

USITÉ AUTREFOIS

DANS LE PAYS DE SAINT-AMAND

La terre *contentieuse* de Saint-Amand-en-Pévèle comprenait, outre la ville de ce nom, sept villages, savoir : Lecelle, Nivelle, Rosult, Sars-et-Rosières, en la paroisse de Brillon, Rumegies, Saméon et Bleharies (1). Les abbé et religieux de l'antique abbaye (2), à laquelle la ville devait sa naissance et son nom, en étaient les seigneurs temporels ; ils possédaient, en outre, la haute justice et souveraineté du village de Thun. Démembré du Tournaisis et rattaché à la Flandre après le traité d'Utrecht, Saint-Amand dépendait administrativement, au XVIIIe siècle, de l'Intendance du Hainaut.

Une coutume locale, révisée et rédigée sous l'empereur Charles-Quint, régissait la terre et son chef-lieu ; il était resté de tradition qu'en toute matière non réglée par cette coutume, on eût recours à celle du baillage de Tournai.

C'est dans ce petit coin de terre que fut en usage jusqu'à la Révolution, un contrat assez singulier dont la nature et l'origine sont restées pour nous un problème. Ce problème intéresse sans doute, avant tout, le jurisconsulte, à qui il demande aujourd'hui encore des solutions pratiques ; mais j'ai pensé qu'il était aussi du domaine de notre histoire locale. Nos vieilles coutumes, les habitudes juridiques de nos pères ne forment-elles pas un des éléments essentiels de cette histoire ?

J'ai dit le nom de ce contrat, en le tirant des actes eux-

---

(1) Bleharies appartient aujourd'hui à la Belgique ; Saméon à l'arrondissement de Douai, les cinq autres villages au canton de Saint-Amand, rive gauche.

(2) De l'ordre de Saint-Benoît. Elle avait été fondée au septième siècle, par saint Amand.

mêmes, car je ne le rencontre pas ailleurs : C'est la *Vente* à titre de *Mort-gage*, deux mots qui, au premier abord, semblent absolument contradictoires.

Voyons quels en étaient les termes. La formule variait peu : L'une des parties déclarait *vendre* à l'autre un héritage, *à titre de Mort-gage*, pour *l'espace de quatre-vingt-dix-neuf ans*. Un prix était stipulé et l'on convenait que, le terme expiré, les héritiers de l'emmortgageant pourraient rentrer en la possession et jouissance de l'immeuble emmortgagé, en refournissant aux héritiers de l'acheteur le prix principal et ses accessoires, ainsi que les améliorations s'il en existait *sans déduction des fruits perçus*. A ces éléments essentiels s'ajoutaient d'ordinaire une clause de garantie par le cédant, la retenue à son profit d'un *droit foncier*, et l'indication que le cessionnaire jouira du bien cédé comme « de bien propre ou de vrai bien d'achat. »

Le terme de quatre-vingt-dix-neuf ans est invariable ; emprunté sans doute à l'emphytéose, il semble devenu pour notre contrat une formule obligée et dont personne ne s'écarte.

Ce Contrat n'est point une exception, une singularité ; il est passé dans les habitudes. Au XVIII⁰ siècle surtout, et dans quelques uns des villages dont j'ai cité les noms, on l'emploie à chaque instant. Il serait permis de dire sans exagération que les mort-gages y couvrent le sol ; et l'on y compte aujourd'hui bien peu de familles de propriétaires terriens, qui ne sentent trembler sous leurs pas quelque coin du champ paternel, qui ne soient exposées à voir fondre sur elles des revendications dont l'origine, vieille d'un siècle, était le plus souvent perdue dans l'oubli.

Et cependant, les commentateurs anciens, les jurisconsultes du pays sont muets sur un mode de transmission des biens, si fréquemment usité. Je ne connais aucun traité, soit imprimé, soit manuscrit, sur la matière. Chose plus étrange encore, la coutume locale ne nous fournit aucune indication ; on n'y trouve même pas le nom du Mort-gage ; pour le rencontrer, c'est à des coutumes voisines, celles 'de Tournai, de Lille et de Douai, qu'il faut s'adresser. Et encore verrons-nous que c'est à un Contrat différent du nôtre qu'elles l'appliquent. Seule une coutume manuscrite, celle de la châtellenie de Mortagne, limitrophe de la terre de Saint-Amand, semble y faire une allusion : « Item, y est-il dit, en la ville, terre et » seigneurie de Mortagne, l'on poeult donner fiefs, maisons, » héritaiges et aultres droicts immœubles, *à titre de mortgaige*

» *ou faculté de rachapt,* pour en joyr sans discompte de la
» valleur annuelle tant et jusques à ce que le rachapt se fera
» de telle somme de deniers qui sera apposée. »

En l'absence de renseignements précis, il peut être intéressant de rechercher quelle était la nature du Contrat que j'ai analysé. Je me demanderai ensuite quelle en est l'origine.

I.

Sur le premier point, je serai très-bref, ne voulant point m'attarder à une dissertation juridique.

Vente et *Mortgage,* ces deux mots semblent s'exclure. La Vente est en effet une aliénation de la propriété ; le Mortgage, lui, n'était autre chose que *l'antichrèse,* c'est-à-dire la mise en gage d'une chose, dont la jouissance seule est momentanément transférée au créancier, la propriété continuant à reposer sur la tête du débiteur. Sur ce point, les glossaires nous font la même réponse que les livres de droit :

Du Cange nous parle longuement du Mortgage (1) et voici comment il le définit : « *Pignus Mortuum gallice* Mortgage, *species usurœ quœ dicitur hypotheca creditori sic oppignerata, ut fructus quos durante tempore oppignerationis producit omnes fiant creditoris idque sine computo indè debitori faciendo.* »

Nos vieux jurisconsultes, depuis la *Somme rurale* jusqu'à Pothier, ne tiennent pas un autre langage, et le Dictionnaire de l'Académie parle comme eux : « Mortgage, dit-il, terme de jurisprudence ; *gage* dont on laisse jouir le créancier engagiste, *sans que les fruits dont il jouit soient imputés sur la dette* (2). »

C'est à ce dernier caractère que le *Mort-gage* devait son nom et se distinguait du Vif-gage. « Le *Vif-gage* (j'emprunte cette citation à Laurière en ses notes sur Loysel), est celui qui s'acquitte de lui-même, et dont le créancier prend les fruits en paiement de sa dette ; le Mort-gage est celui qui ne s'acquitte pas lui-même, dont les fruits appartiennent au créancier en pure perte pour le débiteur. » Et, comme le remarque un commentateur de nos coutumes flamandes : « Pour ce sujet, ledit gage est appelé *mort* à l'égard du propriétaire ; *tanquàm proprietario perierit et inutile sit donec summam... solvat (3).*

---

(1) *Glossaire V° Vadium.*
(2) Edition de l'an VII.
(3) Commentaire sur quelques articles des coutumes de Lille, par le premier Président de Blye.

Donc le Mortgage et la Vente sont deux contrats absolument différents, et qui ne peuvent coexister, l'un transférant la propriété, l'autre ne la transférant pas. D'où il suit que l'un des deux termes employés par les praticiens du pays de Saint-Amand était impropre. Lequel des deux ? La « vente à titre de mortgage » était-elle une vente ? était-elle un mortgage ?

La question se discute encore aujourd'hui et elle présente un grand intérêt pratique. S'il y a antichrèse, le preneur ne peut devenir propriétaire par aucune prescription, et le retrait pourra s'opérer indéfiniment, après plusieurs siècles peut-être ; s'il y a vente, la faculté de rachat, ouverte à l'expiration des quatre-vingt-dix-neuf ans, se périme alors par cinq ans, et le possesseur devient après ce délai, propriétaire définitif et incommutable. Quoi qu'il en soit de ce côté de la question, et sans entrer dans les détails de la controverse, quelle est la solution qui doit prévaloir ? Je n'hésite pas à dire que nous nous trouvons en présence d'une vente avec faculté de rachat, ou *vente à réméré ;* que par conséquent, la propriété, et comme on disait autrefois, le domaine direct aussi bien que le domaine utile, était transférée à l'acheteur, sauf la rétention au profit du vendeur, d'un simple droit réel ; propriété résoluble après quatre-vingt-dix-neuf ans, mais destinée à devenir définitive, si les héritiers du vendeur n'exerçaient pas le retrait.

Les termes employés, le fond de la convention, les formalités extrinsèques démontrent qu'il s'agit bien d'une vente.

Les parties contractantes se qualifient elles-mêmes *vendeur* et *acheteur ;* c'est un *prix* que le vendeur reçoit en échange du bien cédé ; il *garantit* ce bien à l'acheteur, et celui-ci en jouit comme de vrai bien d'*achat.*

Pas d'antichrèse ou de gage, sans une créance d'un côté et une dette de l'autre ; ici nous ne trouvons ni créancier ni débiteur. Le prix versé est remboursable par le vendeur, au temps fixé, s'il le veut ; mais l'acheteur ne peut jamais exiger ce remboursement ; il n'est donc pas créancier et il n'y a pas de gage, puisqu'un gage n'est fait que pour garantir un remboursement.

Enfin, nous voyons que le contrat, reçu ordinairement par deux échevins de la ville de Saint-Amand, est ensuite soumis aux publications et devoirs de loi, avant de devenir définitif. On le « crie par jour de dimanche ou mardy devant dîner », afin de laisser aux oppositions le temps de se produire, et aux « proximes » la faculté d'exercer le retrait lignager. Or, aux

termes de la coutume (1), celui-là seul est astreint à cette for-
malité, qui veut *vendre* héritage ou rente foncière.

Ceux qui tiennent pour l'antichrèse se fondent surtout sur
les mots d'*emmortgagement* et à *titre de mortgage* qui semblent
corriger ceux de *vente* et *d'achat*, et sur la retenue du *droit
foncier* stipulée au profit de l'emmortgageant. Voici cette stipulation : « le droit foncier restant audit N... (le vendeur) ne
pouvant être aliéné avant l'expiration dudit terme de quatre-
vingt-dix-neuf ans, et pourquoi il demeurera par cette affecté
au profit de l'acheteur. » Qu'est-ce, a-t-on dit, que ce *droit
foncier* qui reste au vendeur, si ce n'est le fonds, la propriété
elle-même ? C'est là une erreur, qu'une connaissance plus
complète de notre ancienne langue juridique eût permis d'éviter. Un droit foncier, était simplement, d'après nos vieux
auteurs, un droit sur le fonds, sur la chose, ce que nous appel-
lerions aujourd'hui un droit réel, comme la servitude ou l'hypothèque. C'était, si l'on veut, une de ces parcelles, un de ces
démembrements de la propriété dont les variétés étaient si
nombreuses dans notre droit coutumier. On peut trouver à ce
sujet dans Pothier au *Traité du Contrat de bail à rente*, un
texte qui est péremptoire : « Le droit, dit-il, que la tradition
de l'héritage donné à rente foncière, transfère au preneur...
est le doit de *dominium* et de propriété de cet héritage. Le
droit de rente foncière que le bailleur s'y retient, n'est point
proprenent le *dominium* de l'héritage, mais un simple *droit
foncier* (2). »

Ainsi le *dominium*, la propriété à l'un ; à l'autre un simple
droit foncier qui garantit la rente stipulée. De même, dans
notre vente avec faculté de rachat, le droit foncier qui reste
au vendeur, lui assure la faculté de rentrer dans l'héritage en
remboursant le prix. Seulement il présente ici ce caractère
particulier que, pendant quatre-vingt-dix-neuf ans, il est
comme immobilisé aux mains du vendeur et de ses hoirs ;
ceux-ci ne peuvent l'aliéner et à l'expiration du terme, eux
seuls et non un étranger, peuvent en user; stipulation qui
dérive sans doute des origines de notre Contrat, et trouvera tout
à l'heure son explication.

C'est aussi en étudiant ces origines que nous trouverons la
réponse à l'objection tirée de l'emploi des expressions de

---

(1) Coutume de Saint-Amand. Chap. XXV, art. 2.
(2) Traité du Contrat de bail à rente, nº 111 ; voir encore ibid.,
nº 80.

« Mortgage » et d' « emmortgagement, » et que nous nous déciderons à refuser ici à ces expressions leur véritable sens. Celui-ci s'était altéré peu à peu. Sans doute les praticiens de Saint-Amand en avaient conservé comme un vague souvenir lorsqu'ils écrivaient dans leur formule que le prix serait restitué en cas de retrait, *sans diminution des fruits perçus* ; mais la vrai notion du Mortgage-antichrèse leur était inconnue. Ils avaient emprunté ce mot aux coutumes voisines, et comme nous allons le voir, le mot, dans ces coutumes avait cessé de recouvrir la chose, déchu qu'il était de sa signification primitive.

II.

C'est pourtant à celle-ci qu'il faut remonter, pour mieux suivre les altérations successives qu'elle a subies. Rappelons-la, d'après un vieux document qui nous montre le Mort-gage presque à sa source. C'est l'ancienne coutume de Normandie : « L'autre manière d'usure siest en mortgage. Mortgage est dit, quand cil qui tient la chose en gage, en a les fruits et les issues et ne contiennent en la dette...... si comme quant aucune terre est baillée en gage pour cent sols, par tel convenant, que quand cil qui l'engage la voudra avoir, il rendra les cent sols (1). » *L'autre manière d'usure.....* c'est qu'en effet, l'antichrèse était au point de vue du droit canonique un contrat usuraire, puisque le créancier avait droit à des fruits, et non pas seulement au remboursement nu de son capital. Aussi était-elle prohibée. Les anciens auteurs sont unanimes sur ce point ; ils rappellent que le Mort-gage avait été proscrit par Alexandre III, au concile de Tours en 1164, et dans une décrétale de 1180 adressée à l'archevêque de Cantorbéry. Toutefois, la règle admettait des exceptions ; Merlin cite quatre cas différents où l'on avait permis autrefois de donner en mortgage (2). Loysel en ses *Institutes coutumières,* n'en compte que deux : « Mortgage n'a coutumièrement lieu qu'en deux cas : en mariages de maisnés ou de fils, ou pour dons et aumônes d'églises (3). »

---

(1) Citée par Du Cange v° *Vadium.* C'est sans doute de Normandie que le mot de Mortgage a passé en Angleterre où il s'est conservé avec la signification *d'hypothèque.*
(2) Répertoire v° Gage-mort.
(3) Livre 3, titre 7.

Laissons de côté la seconde exception ; c'est dans la première que nous trouverons notre point de départ.

Un père, en mariant son fils ou sa fille (ordinairement le fils cadet, le *maisné*), lui promettait une somme d'argent ; en même temps, il lui donnait une terre en gage pour en percevoir les fruits et soutenir les charges du mariage, jusqu'à ce que la somme lui fût payée. Ici, la perception des fruits tenant lieu d'intérêts, était licite *ut compensatio damni emergentis.*

C'est d'un Mort-gage de ce genre qu'il est parlé dans un arrêt du Parlement de Paris rendu en septembre 1259 au profit du roi contre Bauduin, seigneur de Bellevallée, et cité par Ragueau dans son *Index des Droits royaux* (1). Pierre de Fontaine en son *Grand Conseil* atteste aussi cet usage : « Si deniers furent donnés en mariage, et la terre ballié à Mort-wage por les deniers, après le mort à la fille qui n'a point d'oir de son corps, demorra la terre par moitié del nombre au mari ou à son oir. »

Il s'agit ici d'une antichrèse constituée dans des conditions tout à fait spéciales ; mais c'est bien encore l'antichrèse, le simple engagement d'une terre pour sûreté d'une créance.

L'usage s'en perpétue en quelques endroits avec des altérations diverses. L'idée qui lui a donné naissance est celle d'une sûreté à donner, d'un avantage à faire par le père de famille à l'enfant qu'il veut établir. C'est avec ce caractère que le Mort-gage va prendre place dans quelques-unes de nos coutumes du Nord. Toutefois, il n'y est plus question de dot et il n'y a plus proprement de somme due, l'idée de créance tend à s'affaiblir et à disparaître ; le Mort-gage devient une forme de donation de famille, soit entre-vifs, soit testamentaire.

Il est ainsi décrit par la coutume de la gouvernance de Douai :

« Que il est aussi loisible à telle personne de franche et libre disposition, *donner à titre de Mort-gage* à ses enfants puisnés en la ligne directe, tous les fiefs, seigneuries et héritages, pour en jouir et possesser sans décompte, jusques au payement et rachapt de telle somme de deniers que leur proufit leur serait ordonné, que faire payer et satisfaire leur pourrait le fils aisné leur frère ou les héritiers en ligne directe (2). »

____

(1) Rapporté par Du Cange, *loco citato.*
(2) Coustumes concernant le fait d'aliénation, etc., art. IV.

La coutume de la ville de Lille (1), permet la même disposition, mais par testament seulement, au profit de la descendance en ligne directe ; celle de la *salle* de Lille ne prévoit aussi que le testament, mais en étend le bénéfice aux neveux et nièces (2).

Enfin, voici avec les mêmes variantes, les diverses coutumes de Tournai : « Que le seigneur d'un fief, — dit celle de l'échevinage, — peut iceluy donner par testament, donation d'entre-vifs, parchon (3) ou autrement à ses enfants ou enfant maisné *à part de rédimer, que l'on appelle Mort-gaige* (4). » Quant à la coutume du bailliage, *supplétive, nous l'avons vu, de celle de Saint-Amand*, elle s'exprime ainsi : « Une personne peut *donner* à ses enfants, neveux ou nièces en ligne directe par testament ou ordonnance de dernière volonté ses fiefs et héritages pour en jouyr par les donataires et leurs hoirs à titre de Mortgage et sans décompte, tant jusqu'à ce que les héritiers du donateur *les auraient rachetés* pour la somme de deniers apposée à ladite donation (5). »

On le voit, ce n'est plus comme à l'origine, une somme d'argent qui fait l'objet de la libéralité, c'est un immeuble ; la terre ne tient plus provisoirement la place de la somme promise et restée due, c'est au contraire la somme qui, a un moment donné, viendra prendre la place de la terre qu'elle aura servi à racheter, dont elle aura en quelque sorte formé la rançon.

Quelle était la nature du droit conféré par ce mortgage-donation à celui qui en était le bénéficiaire ? Etait-ce une détention précaire comme celle de l'engagiste ? L'origine de l'institution l'indiquait ; cependant on en était arrivé peu à peu à admettre que le mortgage pouvait transférer la propriété.

Cette opinion a été soutenue avec force au commencement du XVIII° siècle par un magistrat du Parlement de Flandre, le conseiller Pollet (6). Il remarque que ces termes : « Donner

---

(1) Chapitre II, des Testaments, etc., art. IV.
(2) Chapitre IX, des Testaments, etc., art. V.
(3) Légitime qu'on assignait aux enfants du premier lit, en passant à de secondes noces ; à Valenciennes, on disait *four-mouture*.
(4) Chapitre XI, des Fiefs, art. XXXIV.
(5) Chapitre XXVIII, des Testaments, art. IV. A la différence des coutumes qui viennent d'être citées, celle du baillage de Tournay n'a pas été imprimée dans le coutumier général de Bourdot de Richebourg. (Edition de 1724).
(6) Arrests du Parlement de Flandres, part. II, XXVIII.

ses fiefs et héritages » et ceux-ci : « les auront rachetés », ne peuvent convenir à un simple engagement.

Un commentateur de la coutume de Lille, Patou, aprés avoir combattu les arguments de Pollet (1), accorde cependant en un autre passage que « le mort-gage peut se faire de deux façons : ou c'est un simple engagement, ou il contient la *donation du fonds*. (2) »

Enfin Merlin, dans le répertoire de Guyot, (*verbo* mort-gage) adopte le même sentiment.

Nous voici loin de l'antichrèse, et le mortgage est bien devenu une aliénation avec faculté de rachat. Toutefois, le champ en est singulièrement restreint. D'une part, cette aliénation n'a lieu qu'à titre gratuit, d'autre part, elle n'intervient qu'entre proches parents. Ce n'est point encore notre contrat de vente ; il reste un pas à franchir. La coutume de Mortagne, que je citais tout à l'heure, en a fait la moitié :

« L'on peut donner à titre de mortgage ou faculté de rachat, » dit-elle. » *On* c'est tout le monde. Les praticiens de Saint-Amand ont poursuivi la déduction : « Puisque donner à réméré, se sont-ils dit, s'appelle donner à mort-gage, c'est évidemment que mort-gage est synonyme de faculté de rachat ; appelons la vente à réméré : vente à titre de mort-gage ! » Quel intérêt y avaient-ils ? je le rechercherai plus loin.

C'est la coutume du Tournaisis qui leur a donné cette inspiration, et quelque chose de son esprit a passé dans leurs formules. La défense faite au vendeur d'aliéner le droit foncier qui lui reste, de façon à l'obliger à conserver dans sa ligne la faculté de rachat, n'est-ce pas un souvenir du caractère féodal et patrimonial du mortgage-donation. Dans celui-ci, le fief emmortgagé au puiné ne pouvait être retrait que par l'ainé et ses hoirs, et après le rachat il suivait en sa succession la règle des biens patrimoniaux. Ainsi l'ordonnait la coutume. — Le trait d'union est encore visible sur un autre point : c'est au profit des enfants qu'avait lieu le mortgage-donation ; à Saint-Amand, le bien était cédé à des étrangers, mais on a remarqué que souvent ces aliénations se produisaient au moment du mariage des enfants, et dans le but de leur procurer une dot en deniers comptants.

Voilà donc expliqué le nom de *mortgage* appliqué à notre

---

(1) Commentaire sur la coutume de la Salle de Lille. Tit. I, art. LIII.

(2) Commentaire sur la coutume de la Ville de Lille. Tit. VI, art. VI, 60.

contrat de vente à réméré. Il est devenu synonyme de faculté
de rachat. Et remarquons qu'il n'est pas la seule dénomina-
tion de l'antichrèse qui, dans les vicissitudes de la pratique
coutumière, se soit trouvée détournée de sa signification. Ici
c'était le mort-gage, ailleurs c'était l'*engagement*. Merlin
atteste en effet que, de son temps, on rencontrait nombre de
ventes par engagement, et que celles-ci n'étaient autre chose
que des ventes à réméré (1). Et de son côté, M. Troplong nous
a fait connaître un autre contrat usité jadis dans le pays de
Metz : les *gagières*, véritables ventes à faculté de rachat qui,
pour échapper à certaines prohibitions, se dissimulaient éga-
lement sous le nom d'un contrat de gage (2).

III.

La question de mot éclaircie, il reste à expliquer la fré-
quence de la vente à mortgage pour 99 ans dans la ville et terre
de Saint-Amand, et là n'est point la partie la plus facile de la
tâche. Ce serait une défaite trop commode de l'attribuer à
l'influence de quelque praticien qui, ayant trouvé cette formule, l'aurait fait adopter — par entraînement d'abord, par
routine ensuite. L'entraînement a dû avoir une cause.

Au XVIIIe siècle, dans un pays populeux, où la propriété
était déjà divisée, on ne peut trouver cette cause dans l'ordre
d'idées qui, à d'autres époques, a fait couvrir le sol de ces
baux à long terme, de ces emphytéoses dont la durée était
égale à celle de nos mort-gages. Il faut rechercher des motifs
plus personnels ; nous devons nous demander si les vendeurs
avaient quelque raison de ne pas aliéner définitivement leur
bien, peut-être même de ne point paraître faire une vente
proprement dite, tout en aliénant pour une période étendue,
presque indéfinie. De ces raisons, on en peut citer plusieurs ;
en est-il une qui soit satisfaisante ?

C'est d'abord une opinion assez répandue que le but que
l'on s'était proposé d'atteindre, était d'éviter le *retrait lignager*, c'est-à-dire le droit pour le plus proche parent du
vendeur, dans la ligne d'où venait le bien, de se mettre aux
lieu et place de l'acheteur. Mais nous avons vu que le
Mortgage était astreint aux *œuvres de loi*, aux publications par
lesquelles le proxime lignager était mis en demeure d'exercer

____

(1) Répertoire de Guyot, v°. Engagement.
(2) Du Nantissement, n° 505.

le retrait. Et en fait, j'ai eu la preuve qu'il a été, quelquefois, fait usage de ce droit.

Est-ce le retrait féodal contre lequel on voulait s'abriter ? On peut penser à première vue que le calcul n'eût pas été meilleur. Non-seulement tout contrat de vente, mais encore tout contrat *équipollent à vente* était soumis à ce retrait, et il ne fallait pas grande finesse pour démêler dans notre prétendu Mort-gage *l'équipollence* voulue. Les officiers du seigneur n'étaient pas gens à s'y laisser tromper.

N'est-ce pas cependant bien le seigneur qu'on visait ? N'aurait-on pas voulu soustraire la vente au paiement du droit seigneurial, aux lods et ventes ? De droit commun la vente *à réméré* à long terme, y était soumise. En était-il de même du Mort-gage de nos coutumes ? Celle de la salle de Lille disait : « Pour donation de fiefs, maisons et héritages faite en ligne directe à titre de Mort-gage et sans décompte, droit seigneurial n'est dû. » Il ne s'agit là, il est vrai, que de la donation en ligne directe (1), et d'après l'arrêtiste Pollet (*loco citato*), les praticiens de Lille convenaient que le Mort-gage, fait au profit d'un étranger, était assujetti au droit seigneurial. Quoiqu'il en soit de cette opinion particulière, la plupart de nos coutumes à Mort-gage contenaient une disposition assez remarquable et qui va peut-être éclairer ce point. Aux termes de celle du Tournaisis : « Donation de fief ou autre héritage à titre de Mortgage *sont réputées pour meubles* (2). » Or il était de principe que les meubles étaient affranchis du lien et par conséquent du droit féodal.

N'est-ce pas là que serait la solution de notre problème ? Si la donation à titre de Mortgage était réputée meuble, il en devait être de même de toute autre aliénation au même titre. Puisque l'on peut *donner* sans payer le droit, pourquoi ne pas *vendre* avec la même immunité, en prenant soin de s'abriter sous la même formule ? L'hypothèse est au moins vraisemblable. Nos actes de mort-gage ne la contredisent pas, au contraire. On y énumère les accessoires qu'au cas de rachat, les héritiers du vendeur devront rembourser à ceux de l'acheteur avec le prix principal. Ce sont le denier à Dieu, les droits d'impôt, contrat et lettriage. Le droit d'impôt, c'est la redevance royale, le centième denier (3) ; quant à une redevance

---

(1) Les mutations en ligne directe échappaient généralement au droit féodal.

(2) Cout. du baillage de Tournay, chap. 19, art. 5.

(3) Les simples *engagements* y étaient assujettis aux termes de la déclaration de 1708.

seigneuriale il n'en est pas question. Au surplus il en était de même dans la vente *par engagement* que je rapprochais tout à l'heure de la nôtre : « Si on jette les yeux, dit M. Troplong, sur la plupart des engagements domaniaux et autres effectués en si grand nombre par les rois et les seigneurs, on verra que ces concessions convergent bien plus vers le réméré que vers l'antichèse, et ce n'est que *pour les dispenser des lods et ventes* qu'on leur donnait le nom d'engagement (1). »

C'est aussi, sans doute ce qu'ont voulu les praticiens de Saint-Amand. Et si le procédé a réussi au premier qui l'a employé, est-il étonnant que la formule, une fois trouvée, ait fait une fortune rapide ?

Notre ennemi c'est notre maître,

a dit le fabuliste ; ce maître-là, c'est le fisc. Quelque fût son nom, seigneur, roi ou nation, on ne s'est jamais piqué de générosité envers lui.

A ce premier avantage, qui avait bien son prix, d'autres s'ajoutaient sans doute. Dès l'instant que l'emmortgagement était considéré comme une aliénation mobilière, il pouvait jouir, de par la coutume, de facilités qui n'étaient pas accordées aux ventes d'immeubles. Et ne faut-il pas penser aussi que plus d'un propriétaire, forcé par la nécessité de se dépouiller de son champ, ne fut pas fâché de pouvoir se dire qu'après tout la séparation n'était pas définitive ; que si longue qu'elle fut, elle ne l'empêchait pas de conserver dans son patrimoine un *droit foncier* ? Ce sentiment est dans la nature ; vendre son bien a toujours été regardé dans nos campagnes comme une déchéance ; il devait être bien plus puissant encore à une époque, où une idée de supériorité s'attachait à la possession de tout droit terrien. Au moyen du Mortgage, tout en sacrifiant à l'argent on semblait garder quelque chose de la terre ; en même temps que les espérances d'avenir, on sauvait dans une certaine mesure l'amour-propre et les apparences.

On a été jusqu'à prétendre qu'il n'y avait que celles-ci de sauvées. On a soutenu cette thèse hardie que le droit de rachat stipulé dans l'acte, était une pure fiction, que notre contrat en un mot dissimulait, non pas une vente à réméré, mais bien une vente pure et simple. Je n'ai pas beson de dire que cette prétention émane des héritiers des acheteurs, à qu il ne plaît guère d'être troublés dans leur possession séculaire. Elle tente de s'appuyer sur certains faits isolés, qui sont

____

(1) Troplong. — Du Nantissement, n° 505.

assez bizarres d'ailleurs pour que je les signale. On a vu, par exemple, des acheteurs à mortgage revendre purement et simplement, comme s'ils en eussent été propriétaires incommutables, le bien qu'ils venaient d'acheter pour 99 ans, quelque temps, parfois quelques heures auparavant ; et le prix de la seconde vente est le même que celui de la première !

Néanmoins, arrivé au terme de cette étude, je ne m'arrêterai pas à discuter en détail une opinion que le texte même de nos actes repousse *à priori*. J'ai pu me convaincre d'ailleurs qu'elle ne prévalait pas davantage autrefois qu'aujourd'hui ; au siècle dernier, notamment, on a vu le droit de rachat s'exercer sans scrupule à l'expiration des quatre-vingt-dix-neuf ans. Peut-on croire qu'à une époque où le contrat était chaque jour en usage, on eût pu en méconnaître impunément la pensée connue de tous ? Peut-on admettre qu'en présence de cette violation, si facile, d'engagements qui n'étaient écrits nulle part, bien que destinés à vivre un siècle, les acheteurs eussent continué à accepter pour eux et leurs descendants une situation aussi précaire ?

Il faut avouer que cela n'est pas vraisemblable. Si cependant il était vrai que les preneurs à Mortgage, l'eussent ainsi voulu, dans un intérêt d'économie, et pour échapper à un droit fiscal, il faudrait dire que leur prudence a été bien mal avisée. Et de la déconvenue de leurs héritiers, on pourrait tirer une conclusion morale. Elle prouverait une fois de plus que dans les contrats, comme ailleurs, la vérité et la franchise sont en fin de compte plus habiles que toutes les habiletés.

C. THELLIER DE PONCHEVILLE,

Docteur en droit, Membre de la Société d'agriculture,
sciences et arts de Valenciennes.

Valenciennes. — Imp. Louis HENRY